MIS PRIMERAS PÁGINAS

Título original: *Le olimpiadi nella palude*

© Silvia Vignale
© Edizioni EL, 1997 (obra original)
© Hermes Editora General S. A. U. – Almadraba Infantil Juvenil, 2009
www.almadrabalij.com
© Clara Vallès, por la traducción del italiano
Este libro fue negociado a través de Ute Körner Literary Agent, S. L., Barcelona
(www.uklitag.com)

Primera edición: febrero de 2009
Primera reimpresión: septiembre de 2012

ISBN: 978-84-9270-226-8
Depósito legal: B-26.300-2012
Impresión: INO-Reproducciones
Printed in Spain

LAS OLIMPIADAS EN EL ESTANQUE

Silvia Vignale

Almadraba
INFANTIL   JUVENIL

IVANA ES
UNA RANA PEQUEÑA.

IVANA VIVE
EN EL ESTANQUE.

LA RANA IVANA SALTA
TODO EL DÍA POR EL CAMPO.

LA ARAÑA CASTAÑA LE DICE:
«ERES MUY ESPABILADA».

CASTAÑA
ENTRENA A IVANA
PARA LAS OLIMPIADAS
DEL ESTANQUE.

CASTAÑA LE DICE:
«¡A QUE NO ME PILLAS!».

EN SEGUIDA EMPIEZAN
LAS CARRERAS.

TODOS LOS PARTICIPANTES
ESTÁN PREPARADOS.

EL GUSANO FERNANDO
ES MUY BUENO
CON LAS ANILLAS.

LA TORTUGA VALENTINA
SABE LANZAR EL PESO
MUY LEJOS.

LA MARIQUITA PIENSA:
«¡ÁNIMO, VALENTINA!».

EL CONEJO ALEJO
GANA LA CARRERA
DE OBSTÁCULOS.

CASTAÑA GRITA:
«¡MUY BIEN, ALEJO!».

LA OCA ALBERTA
ES UNA CAMPEONA
DE NATACIÓN.

ALBERTA SIEMPRE ESTÁ
NADANDO EN EL ESTANQUE.

LAS ABEJAS HACEN RELEVOS
ENTRE LAS FLORES
DEL CAMPO.

MIENTRAS VUELAN,
LAS ABEJAS HACEN ZZZZZ...

MIRAD:
¡NADIE SALTA TAN ALTO
COMO LA RANA IVANA!

CASTAÑA GRITA:
«¡VIVA!».

HA LLEGADO EL MOMENTO
DE LOS PREMIOS.

IVANA GANA
UNA BONITA COPA.

IVANA ESTÁ CONTENTA.

IVANA INVITA
A TODOS A CENAR
PARA CELEBRARLO.

IVANA TAMBIÉN ES
UNA GRAN COCINERA.

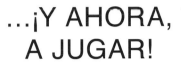

...¡Y AHORA,
A JUGAR!

¿CUÁNTOS RENACUAJOS
Y CUÁNTAS RANAS
HAY EN EL ESTANQUE?

AHORA COLORÉALO TÚ.

EN EL HUERTO HABÍA
TRECE ZANAHORIAS.

¿CUÁNTAS SE HA COMIDO
EL CONEJO ALEJO?

UNE LAS HUELLAS
CON EL ANIMAL
CORRESPONDIENTE.

MIS PRIMERAS PÁGINAS

PUEDES SEGUIR

JUGANDO EN LA WEB

www.misprimeraspaginas.com

ENTRA Y DESCARGA

LA **FICHA DE LECTURA** Y MÁS

PROPUESTAS DE ACTIVIDADES.